AF268145

NOTICE

DÉS

TRAVAUX SCIENTIFIQUES

D'Alex. Moreau de Jonnès,

Officier supérieur d'Etat Major, Membre du Conseil supérieur de santé, Chef des travaux de la Statistique générale de France au Ministère du commerce, Membre correspondant de l'Académie royale des sciences de l'Institut, de la Société royale et centrale d'agriculture, de la Société philotechnique, des Sociétés royales de médecine de Bordeaux et de Marseille, des Sociétés de Statistique de Londres, Manchester et Marseille, des Sociétés d'agriculture, arts et sciences de l'Eure, de la Marne, de l'Aube et de la Haute-Saône, de la Société centrale d'agriculture du Grand-Duché de Bade, des Académies de Lyon, Rouen, Marseille, Dijon, Nîmes, Strasbourg, Bordeaux, Nantes, Tours, Mâcon, Nancy, Rochefort, Bruxelles, Madrid, Turin, Stockholm, Rome, Naples, Vitèrbe, Liége, Pesaro, New-York, la Havane, etc.

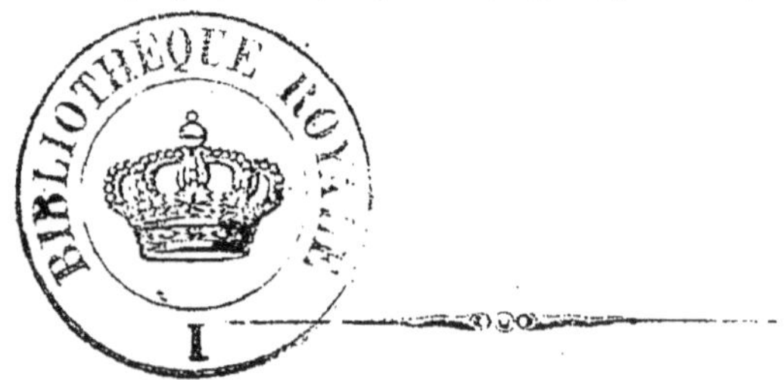

PARIS,

IMPRIMERIE DE BOURGOGNE ET MARTINET,

RUE JACOB, 30.

—

1842.

SCIENCES MORALES ET POLITIQUES.

ADMINISTRATION.

RECHERCHES STATISTIQUES SUR L'ESCLAVAGE COLONIAL ET SUR LES MOYENS DE LE SUPPRIMER. Un vol. in-8. 1842.

Ho veduto, ho scritto.
AMERICO VESPUCCI.

STATISTIQUE DES PROGRÈS DE LA SOCIÉTÉ ET DE LA CIVILISATION EN FRANCE.

1re époque. Temps anciens.
2e   —   — de barbarie.
3e   —   — féodaux.
4e   —   — monarchiques.
5e   —   — précurseurs de la révolution.
6e   —   — de la révolution.

Un vol. in-8, inédit, excepté la cinquième partie, insérée dans la *Revue des Deux-Mondes*.

APERÇUS STATISTIQUES SUR LA VIE CIVILE ET L'ÉCONOMIE DOMESTIQUE DES ROMAINS, AU COMMENCEMENT DU IVe SIÈCLE, fondé sur les termes numériques de l'Edit de *maximum* de l'empereur Dioclétien. découvert récemment à Stratonice.

Lu à l'Académie des Sciences dans la séance du 2 avril 1817 ; Compte-rendu annuel des travaux de l'Académie, par M. Fourier.

INFLUENCE DES CAPITALES SUR L'ÉTAT PHYSIQUE, ÉCONOMIQUE, MORAL ET INTELLECTUEL DE LEUR POPULATION ET DE CELUI DU PAYS. Inédit.

> A Rome, une partie de la vie se passe à mal faire ; la plus grande partie à ne rien faire, et presque la totalit à faire autre chose que ce qu'on devrait faire.
> SÉNÈQUE.

Travaux exécutés pour le gouvernement.
Ministère de la Marine et des Colonies.

CONSIDÉRATIONS MILITAIRES SUR LES OPÉRATIONS OFFENSIVES ET DÉFENSIVES DE LA GUERRE DANS LES INDES-OCCIDENTALES.
Un vol. in-folio avec cartes, plans, profils.

Communiquées aux dépôts de la Guerre et de la Marine, qui s'en servent comme de bases pour les instructions données en cas de guerre aux gouverneurs des possessions françaises d'Outre-mer et aux amiraux commandant les stations des Antilles. MM. le vice-amiral Rosilly et le lieutenant-général Andréossy, chargés par l'Académie des Sciences de lui rendre compte de ce grand travail, en ont fait l'objet d'un rapport très étendu et favorable à tous égards.

RAPPORT SUR LES COLONIES FRANÇAISES, CE QU'ELLES SONT ET CE QU'ELLES PEUVENT ÈTRE, présenté officiellement au roi Louis XVIII par le maréchal Gouvion-Saint-Cyr, ministre de la marine et des colonies. Un vol. in-folio.

MÉMOIRES ET RAPPORTS SUR LES COLONIES FRANÇAISES, exécutés d'après les ordres du ministre de la marine, notamment :

Recherches historiques et statistiques sur l'existence morale et politique des affranchis des Antilles françaises, 1816. — Recherches sur les plantes alimentaires qu'il est utile de naturaliser dans les colonies, 1819. — Dispositions à exécuter pour multiplier les bestiaux dans les colonies et pour en perfectionner les espèces, 1818. — Notice sur les moyens de transporter dans les colonies occidentales diverses espèces de poissons exotiques et comestibles, spécialement le Gorani de Bourbon et de Batavia, 1817. — Notice sur les avantages et les moyens d'introduire la culture en grand de la pomme de terre dans les colonies françaises, 1817. — Notice sur les causes de l'impureté des eaux pluviales conservées dans les citernes des forteresses des Antilles pour les besoins des garnisons de ces îles, 1818. — Notice sur les moyens d'introduire l'usage des bateaux à vapeur dans les colonies occidentales, 1818. — Notice sur la construction des ponts en fil de fer propres au passage des rivières des Antilles, 1817. — Notice sur la pêche de la baleine dans la mer des Antilles, 1818. — Notice sur les travaux propres à assainir la ville du Fort-Royal de la Martinique, 1816. — Considérations sur la culture de l'indigo dans les colonies, et sur les nouveaux procédés à introduire dans la fabrication de ses produits, 1817. — Essai sur les moyens d'améliorer l'agriculture des colonies françaises, 1818. — Recherches sur les causes de la quantité considérable de sirop non cristallisable dans la fabrication du sucre des colonies, et indication des moyens pratiques d'y remédier, 1819 ; etc., etc.

Total, 87 mémoires ou rapports, dont une grande partie ont été suivis de l'adoption ministérielle et de l'exécution des mesures qui y étaient proposées.

PROCÈS-VERBAUX DES SÉANCES DE LA COMMISSION D'AGRICULTURE ET D'INDUSTRIE COLONIALE, établie en 1817 près du Ministre de la marine, et dont Moreau de Jonnès était membre et secrétaire. Un vol. in-folio.

II.

STATISTIQUE.

STATISTIQUE DE LA GRANDE-BRETAGNE ET D'IRLANDE. Deux vol. in-8 avec une carte. 1838.

Ouvrage couronné par la Société de Statistique de Marseille. Présenté à la chambre des communes du Parlement britannique par Lord John Russell, ministre secrétaire d'État de l'intérieur ; à la Société royale de Londres, par son Président, S. A. R. le duc de Sussex ; à l'Académie royale des sciences de Dublin, par Lord Mulgrave, vice-roi d'Irlande, dernièrement lord Normanby, ministre des colonies.

STATISTIQUE DE L'ESPAGNE. Un vol. in-8 avec une carte. 1834.

Ouvrage présenté à S. M. la Reine Régente par don Martinez

de la Rosa , Premier secrétaire d'État ; aux Cortès du Royaume par leur président, le comte d'Almodovar et par don Agostino Arguellès , aujourd'hui Tuteur de S. M. la Reine d'Espagne.

Le Président du conseil, l'Ambassadeur d'Espagne à Paris et M. le comte d'Almodovar ont transmis à l'auteur, au nom de la Reine, du Gouvernement espagnol et des Cortès, l'expression de leur haute satisfaction pour le talent et les soins éclairés et consciencieux qu'il a apportés dans ce travail. Et, lors de la troisième édition espagnole, la Reine, sur le rapport du Premier ministre don Pérès de Castro , a , par un décret royal, donné à l'auteur le titre et la croix de chevalier de l'ordre d'Isabelle-la Catholique , comme récompense d'un ouvrage classique et national.

C'est probablement la première fois que la Statistique a obtenu une telle distinction, et il est remarquable et singulier que ce soit l'Espagne qui ait donné l'exemple de cette estime de la science.

LE COMMERCE AU XIXe SIÈCLE. Etat actuel de ses transactions dans les principales contrées des deux hémisphères : causes et effets de son agrandissement et de sa décadence ; et moyens d'accroître et de consolider la prospérité agricole, industrielle, commerciale et coloniale de la France. Deux vol. in-8. 1825. Épuisé.

Ouvrage couronné par l'Académie royale de Marseille ; analysé par M. Cuvier dans le Compte-rendu des travaux de l'Académie des Sciences ; traduit en italien par il signor Zampato. Milan, 1826.

PROSPÉRITÉ DES COLONIES FRANÇAISES, ses éléments physiques , économiques , politiques et moraux.

Ouvrage couronné par l'Académie royale des Sciences de Lyon en 1825. Inédit.

RECHERCHES SUR LES CHANGEMENTS PRODUITS
DANS L'ÉTAT PHYSIQUE DES CONTRÉES PAR
LA DESTRUCTION DES FORÊTS. Un vol. in-4.
1825. Épuisé.

Ouvrage couronné par l'Académie royale des Sciences de
Bruxelles; analysé par M. Cuvier dans le Compte-rendu an-
nuel des travaux de l'Académie des sciences de l'Institut de
France.

STATISTIQUE DES COLONIES FRANÇAISES OC-
CIDENTALES, savoir : la Martinique, les îles de la
Guadeloupe et la Guyane. Un vol. in-folio. Inédit.

Ouvrage couronné en 1819, par l'Académie royale des sciences
de l'Institut de France, d'après le rapport d'une commission
composée de MM. de Laplace, Joseph Fourier, Lacroix, Poin-
sot et Coquebert-Montbret.

RECHERCHES STATISTIQUES ET ÉCONOMIQUES
SUR LES PATURAGES DES DIFFÉRENTES CON-
TRÉES DE L'EUROPE. Lues à l'Académie des Scien-
ces en 1819.

**Travaux statistiques exécutés sous l'autorité
du gouvernement**. Ministère du commerce.

DOCUMENTS STATISTIQUES SUR LA FRANCE.
Programme et Spécimen de la Statistique générale de
France. 1835. Un vol. grand in-4, papier jésus, Im-
primerie-Royale. 238 pages.

Statistique générale de la France.

I. TERRITOIRE ET POPULATION DE LA FRANCE. 1837. Un vol. grand in-4 de 544 pages.

II. COMMERCE EXTÉRIEUR. 1838. Un vol. grand in-4 de 550 pages.

III. AGRICULTURE.

STATISTIQUE AGRICOLE DE LA FRANCE ORIENTALE. 1840. Un vol. grand in-4, en deux tomes. 702 pages.

STATISTIQUE AGRICOLE DE LA FRANCE OCCIDENTALE, suivie des tableaux sommaires et généraux de la Statistique agricole de tout le royaume. 1842. un vol. grand in-4 de 780 pages.

IV. ADMINISTRATION PUBLIQUE. En cours d'exécution : Hôpitaux et hospices, — Bureaux de bienfaisance, — Enfants trouvés, — Aliénés, — Prisons, Monts-de-Piété, etc., etc. Un vol. grand in-4 en deux tomes.

Publiés de 1833 à 1842, 5 vol. grand in-4, formant neuf tomes, et contenant 3,000 pages de tableaux numériques.

L'entreprise de la Statistique générale de France a été tentée, en 1700, par ordre de Louis XIV ; en 1802, par ordre de l'Empereur Napoléon ; en 1829, sous la Restauration, par décision du cabinet Martignac, toujours sans aucun succès.

III.

SCIENCES PHYSIQUES

ET MATHÉMATIQUES.

HISTOIRE PHYSIQUE DES ANTILLES FRANÇAISES.

Ier volume. Géologie, minéralogie, climat des Antilles.
    Un vol. in-8. 1822.
IIe —   Flore caraïbe. Inédit.
IIIe —   Zoologie des Antilles. Inédit.

———

L'auteur ayant parcouru, pendant vingt campagnes, une partie des contrées de l'Amérique, il a communiqué à l'Académie des sciences, lors de son retour en 1816, et selon le désir de ses illustres amis, Cuvier, Fourier, Geoffroy Saint-Hilaire, Berthollet, Delambre, Portal et Halley, les observations qu'il avait recueillies dans ses voyages. Les Comptes-rendus annuels de l'Académie en contiennent l'analyse. On ne peut citer ici que quelques uns des mémoires qui y sont rappelés.

Tous les mémoires indiqués ci-après, et beaucoup d'autres passés sous silence, ont été communiqués à l'Académie royale des Sciences de l'Institut, lors du retour de l'auteur en France, et analysés dans les Comptes-rendus annuels des travaux de l'Académie, par ses secrétaires perpétuels, Georges Cuvier et Joseph Fourier.

1° PHYSIQUE GÉNÉRALE.

Tableau du climat des Antilles et des phénomènes de son influence sur les plantes, les animaux et l'espèce humaine. 1818. 1 vol. in-8. — Recherches sur les variations locales de la température des Indes occidentales, 1821. — Observations sur les quantités de pluie qui tombent annuellement aux Antilles. 1820. — Recherches sur l'état hygrométrique des diverses régions de l'atmosphère dans les îles de l'Archipel américain, 1822. — Mémoire sur les causes et les effets de l'Ouragan des Antilles. 1818. Ce travail est cité avec éloge par M. de Humboldt. — Recherches et observations sur les tremblements de terre des Antilles, 1821. — Notice sur le grand Courant de l'Atlantique équatorial, *gulf steam* des Anglais et des Américains, 1821, etc.

2° GÉOLOGIE ET MINÉRALOGIE.

Minéralogie des volcans éteints de la Martiniqne, 1816. La première classe de l'Institut, sur le rapport de MM. le Lièvre et Ramond, a décidé que ce travail serait inséré dans les Mémoires des savants étrangers, et que des éloges seraient donnés à l'auteur pour avoir découvert et prouvé la volcanisation de l'île de la Martinique. — Exploration géologique des îles de la Guadeloupe, 1818. — Exploration du volcan éteint du Vauclin, dans l'île de la Martinique, avec une carte et des vues, 1817. — Mémoire sur l'agroupement et la constitution minéralogique des montagnes des Antilles, 1817. — Description géologique et minéralogique du volcan éteint de la Montagne pelée, à la Martinique, 1817, etc.

3° ZOOLOGIE.

Recherches sur les Anthropolithes ou Hommes fossiles de la Guadeloupe, 1818. Ce mémoire fut fait d'après le désir que M. Cuvier en exprima à l'auteur. — Observations sur les Géophages des Antilles, 1816. — Recherches archéologiques et zoologiques sur le Chien de l'Hémisphère américain, 1825. — Sur

le Cochon maron des Antilles, la synonymie américaine de ce
genre de Pécari, ses différentes espèces, leur habitation géogra-
phique et leur destruction, 1823. — Monographie de la grande
Vipère fer de lance ou Trigonocéphale de la Martinique, 1816.
Monographie de la Couresse des Antilles, *Coluber cursor*, 1818.
— Du Scinque doré, *Scincus auratus*, 1819. — Du Gecko mabouïa
des Antilles, 1818. — Du Mabouïa de Bananiers, G. *lœvis*, 1820.
— Du genre Anolys, sauriens indigènes de l'Amérique tropicale, 1821. — Des Batraciens de l'Archipel américain, 1819, etc.
— Observations sur la Mygale aviculaire, ou Araignée mangeuse
d'oiseaux de l'Amérique équatoriale, 1817. — Recherches sur
les Poissons toxicophores des Indes occidentales, 1819

4° BOTANIQUE ET PHYSIOLOGIE VÉGÉTALE.

Recherches sur la composition et le nombre des plantes de la
Flore caraïbe, 1822. — Observations sur l'origine des plantes
des Antilles, transportées dans ces îles par les agents natu-
rels, 1823. — Recherches phytologiques sur les conditions d'or-
ganisation végétale nécessaires à la translation des plantes par
les animaux et par les hommes, 1823. — Recherches sur le
Maïs, la synonymie de cette céréale américaine, son origine,
ses transmigrations, l'étendue de sa culture et son antiquité
chez les peuples aborigènes du Nouveau-Monde, 1822. — Recherches sur le Manioc, plante alimentaire des indigènes de
l'Amérique tropicale, et considérations sur les relations éta-
blies entre les peuples qui en avaient l'usage avant le XVe siè-
ble, 1824. — Recherches de géographie botanique sur les causes
de la diversité des plantes fourragères dans les différentes
prairies naturelles d'un même pays ; problème proposé par
l'Institut royal des Pays-Bas, 1826, etc.

Travaux exécutés pour le gouvernement.

1º **TOPOGRAPHIE.** Ministère de la Marine et des Colonies.

Carte physique et militaire de la Martinique, exécutée de 1802 à 1809, par ordre des généraux Devigny et de Castella, commandant les troupes de cette colonie; et de l'amiral Villaret-Joyeuse, capitaine-général. Copiée en 1816, par ordre du Ministre de la marine, pour le service de son cabinet, et communiquée plus tard au Dépôt des cartes et plans, qui l'a compilée. Présentée à l'Académie des Sciences, qui, sur le rapport de MM. de Rossel, Brongniart et Coquebert-Montbret, a voté des remerciements à l'auteur, et exprimé les espérances qu'elle fonde encore sur le zèle de cet officieux laborieux et éclairé, et d'après les succès qu'il a obtenus dans la carrière des sciences. — Carte militaire du théâtre de la guerre à la Martinique. 1817. — Carte physique des îles de la Guadeloupe, 1817. — Carte physique de l'île de Cayenne, à la Guyane française, 1818.

2º **HYGIÈNE DES ANTILLES. SANTÉ PUBLIQUE DU ROYAUME.**

L'auteur ayant passé une partie de sa vie au milieu des contagions du Nouveau-Monde, on crut, lors de son retour en France, que son expérience pouvait être utile. En conséquence, il fut nommé, en 1818, membre de la Commission de salubrité publique du Ministère de l'intérieur ; en 1821, membre de la Commission sanitaire centrale ; en 1818, membre du Conseil supérieur de santé du royaume sous la présidence du Ministre de l'intérieur ou du commerce , et la vice-présidence de M. le conseiller d'État de Gérando. C'est pour satisfaire aux devoirs de ces fonctions qu'il a fait les travaux suivants :

Monographie historique de la fièvre jaune des Antilles, 1819. Un vol. in-8. Ouvrage exécuté à la demande de M. Lainé, Ministre de l'intérieur, inséré dans les Transactions de la Société médicale d'Émulation , envoyé aux administrateurs et aux chefs du service de santé des colonies et ports de France , par décision des Ministres de la guerre et de la marine. — Hygiène militaire des Antilles , 1816, in-8. Même approbation. — Notice sur la maladie pestilentielle importée aux îles de France et de Bourbon, et sur son identité avec le Choléra-morbus de l'Inde, 1821 , communiquée à la Commission sanitaire centrale et à l'Académie des Sciences. — Rapport au Conseil supérieur de santé du royaume sur le Choléra régnant au Bengale , 1823. — Rapport sur l'irruption du Choléra en Syrie, 1823. — Rapport sur l'invasion de la Perse par le choléra, 1824. — Rapport sur l'irruption du Choléra de l'Inde à Astrakan , en Russie. 1824. Notice sur l'itinéraire des irruptions du Choléra oriental en Asie, insérée dans les Mémoires de l'Institut, d'après le rapport de MM. Portal, Pelletan et Boyer, à l'Académie des sciences. — Rapport au Conseil supérieur de santé du royaume ; sur le Choléra pestilentiel, ses caractères, sa mortalité, les moyens curatifs et hygiéniques qu'on lui oppose , son mode de propagation , et ses irruptions dans l'Indoustan , l'Asie orientale , l'Archipel indien, l'Arabie, la Syrie , la Perse , l'Empire russe et la Pologne. 1831. Un vol. in-8 avec une carte , traduit en anglais, en italien, en allemand et en espagnol, etc. , etc.

Pendant les irruptions du Choléra oriental en Europe , les mesures sanitaires des États-Romains , de la Suède , de la Belgique , et même, pendant un temps , de l'Angleterre , ont été prises d'après les conseils de l'auteur et ses avis. Pour reconnaître ses services , le roi des Belges lui a décerné , par un décret royal, la grande médaille d'or destinée à récompenser les actes les plus éminemment utiles à l'humanité ; et S. Ém. le cardinal Bernetti , secrétaire d'État des États-Romains , lui a transmis les remerciements et la bénédiction de Sa Sainteté le pape Grégoire XVI.

Paris. — Imprimerie de Bourgogne et Martinet, rue Jacob, 30.

9 782011 760241